¡Conocimiento a tope!

Iniciadores científicos

Día y noche

Crystal Sikkens

Traducción de Pablo de la Vega

CRABTREE
PUBLISHING COMPANY
WWW.CRABTREEBOOKS.COM

Objetivos específicos de aprendizaje:

Los lectores:

- Identificarán información en diagramas, imágenes y texto, y explicarán cómo los apoyos visuales ayudan a entender mejor.

- Reconocerán que la rotación de la Tierra es la causa del día y la noche, y que se repiten en un ciclo.
- Observarán y compararán algunas características del cielo durante el día y la noche.

Palabras de uso frecuente (primer grado)	Vocabulario académico
aleja, día, el, es, está, la, mira, nuestro, parece, ve, y	ciclo, diagrama, directamente, Luna, observa, patrón, repite, sentidos, telescopio, Tierra

Estímulos antes, durante y después de la lectura:

Activa los conocimientos previos y haz predicciones:

Pide a los niños que lean el título y miren las imágenes de la tapa. Pregúntales:

- ¿De qué piensan que tratará el libro?

- ¿En qué difieren las imágenes de la tapa? ¿En qué se parecen?

Durante la lectura:

Después de leer la página 7, haz una pausa y pregunta a los niños:

- ¿Cuál es el idea principal de la página? Explica la idea en tus propias palabras.

- ¿Por qué el texto dice que el Sol «parece» moverse a través del cielo? (Anima a los niños a hacer referencias a las imágenes y pies de foto en sus respuestas).

- ¿De qué manera nos ayudan los pies de foto a entender la idea principal de la página? (Motiva a los niños a notar la posición del Sol en cada imagen y a hacer comparaciones).

Después de la lectura:

Pide a los niños que se tomen un día para completar individualmente el diagrama de Venn de la página 21. Reúnanse de nuevo en grupo y anímalos a que compartan sus observaciones. Habla con ellos acerca de las maneras en que cada diagrama se parece y difiere. Crea un cartel didáctico o un diagrama de Venn de toda la clase. Incorpora todas las observaciones que hayan compartido y discutido.

Author: Crystal Sikkens

Series development: Reagan Miller

Editor: Janine Deschenes

Proofreader: Melissa Boyce

STEAM notes for educators:
Reagan Miller and Janine Deschenes

Guided reading leveling: Publishing Solutions Group

Cover and interior design: Samara Parent

Photo research: Janine Deschenes

Print coordinator: Katherine Berti

Translation to Spanish: Pablo de la Vega

Edition in Spanish: Base Tres

Photographs:
All photographs by Shutterstock

Library and Archives Canada Cataloguing in Publication

Title: Día y noche / Crystal Sikkens ; traducción de Pablo de la Vega.
Other titles: Day and night. Spanish
Names: Sikkens, Crystal, author. | Vega, Pablo de la, translator.
Description: Series statement: ¡Conocimiento a tope! Iniciadores científicos
| Translation of: Day and night. | Includes index. | Text in Spanish.
Identifiers: Canadiana (print) 20200300075 |
Canadiana (ebook) 20200300083 |
ISBN 9780778784036 (hardcover) |
ISBN 9780778784111 (softcover) |
ISBN 9781427126511 (HTML)
Subjects: LCSH: Day—Juvenile literature. | LCSH: Night—Juvenile
literature. | LCSH: Earth (Planet)— Rotation—Juvenile literature. |
LCSH: Sun—Juvenile literature. | LCSH: Moon—Juvenile literature.
Classification: LCC QB633 .S5518 2021 | DDC j525/.35—dc23

Library of Congress Cataloging-in-Publication Data

Names: Sikkens, Crystal, author. | Vega, Pablo de la, translator.
Title: Día y noche / Crystal Sikkens ; traducción de Pablo de la Vega.
Other titles: Day and night. Spanish
Description: New York : Crabtree Publishing Company, 2021. |
Series: ¡Conocimiento a tope! Iniciadores científicos | Includes index.
Identifiers: LCCN 2020033509 (print) |
LCCN 2020033510 (ebook) |
ISBN 9780778784036 (hardcover) |
ISBN 9780778784111 (paperback) |
ISBN 9781427126511 (ebook)
Subjects: LCSH: Day--Juvenile literature. | Night--Juvenile literature. |
Earth (Planet)--Rotation--Juvenile literature. | Sun--Juvenile
literature. | Moon--Juvenile literature.
Classification: LCC QB633 .S54518 2021 (print) | LCC QB633 (ebook) |
DDC 525/.35--dc23

Printed in the U.S.A./102020/CG20200914

Índice

Crabtree Publishing Company
www.crabtreebooks.com   1-800-387-7650
Copyright © **2021 CRABTREE PUBLISHING COMPANY**. All rights reserved. No part of this publication may be reproduced, stored in
a retrieval system or be transmitted in any form or by any means, electronic, mechanical, photocopying, recording, or otherwise, without the prior
written permission of Crabtree Publishing Company. In Canada: We acknowledge the financial support of the Government of Canada through the
Canada Book Fund for our publishing activities.

Published in Canada
Crabtree Publishing
616 Welland Ave.
St. Catharines, Ontario
L2M 5V6

Published in the United States
Crabtree Publishing
347 Fifth Ave
Suite 1402-145
New York, NY 10016

Published in the United Kingdom
Crabtree Publishing
Maritime House
Basin Road North, Hove
BN41 1WR

Published in Australia
Crabtree Publishing
Unit 3 – 5 Currumbin Court
Capalaba
QLD 4157

Del día a la noche

Cada día, el Sol ilumina el cielo.
Cada noche, el Sol desaparece.
El cielo se oscurece.

De noche, a veces vemos la Luna.

Luna

Es de día, luego de noche, luego de día otra vez. Día y noche se mueven en un ciclo.

Un ciclo es algo que sucede una y otra vez. Se **repite** en un patrón.

La Tierra gira

Cada 24 horas, la Tierra da un giro. Un día tiene 24 horas. Cada día, nuestra parte de la Tierra da vuelta hacia el Sol, luego se aleja del Sol. Eso crea el día y la noche.

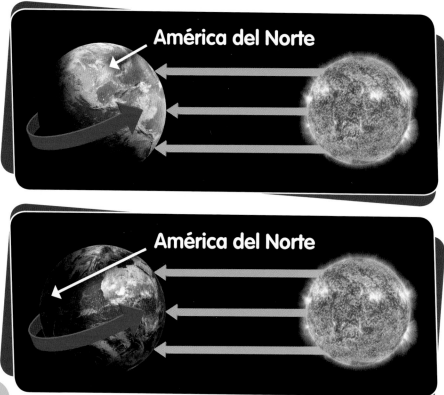

América del Norte

Es de día cuando nuestro lado de la Tierra ve hacia el Sol.

América del Norte

Es de noche cuando nuestro lado de la Tierra está de espaldas al Sol.

Mientras la Tierra gira, el Sol parece moverse a través del cielo.

amanecer

Cuando nuestro lado de la Tierra da la vuelta y empieza a ver hacia el Sol, parece que el Sol **sale** del cielo. A esto se le conoce como amanecer.

mediodía

Cuando nuestro lado de la Tierra está completamente frente al Sol, es el **mediodía**. Parece que el Sol está muy arriba en el cielo.

atardecer

Cuando nuestro lado de la Tierra se aleja del Sol, el Sol se ve bajo en el cielo. Es el atardecer.

Observando cambios

El ciclo del día a la noche es un patrón que podemos observar. Observar significa tomar información usando nuestros **sentidos**.

oído

olfato

gusto

vista

tacto

Tenemos cinco sentidos. Son vista, oído, olfato, gusto y tacto.

Podemos usar nuestro sentido de la vista para observar cambios en el cielo. Podemos ver los cambios cada mañana, tarde y noche.

Nunca veas el Sol directamente. Puede dañar tus ojos.

El día comienza

Un nuevo día comienza cuando sale el Sol. Los **rayos** del Sol iluminan el cielo.

Conforme la Tierra gira, el lado en el que vivimos voltea hacia el Sol. Así, parece que el Sol sale del cielo.

En la mañana, el Sol se ve bajo en el cielo. Comienza a salir. Se verá más arriba en el cielo conforme la mañana avanza.

Mira al cielo en la mañana. ¿Dónde está el Sol?

La tarde

En la tarde, parece que el Sol se movió y está arriba en el cielo. Parece estar encima de nosotros.

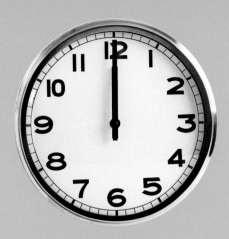

mediodía

Al mediodía, nuestro lado de la Tierra está completamente de frente al Sol. Vemos al Sol en su punto más alto en el cielo.

sombra

Cuando el sol brilla sobre nosotros, vemos nuestra sombra. Nuestra sombra va detrás nuestro cuando estamos frente al Sol.

Durante el día, quizá veamos nubes en el cielo. Podríamos ver aviones y aves volando sobre nosotros. Incluso, podríamos ver la Luna.

El día acaba

Al final de la tarde, nuestro lado de la Tierra se aleja del Sol. El Sol se ve bajo en el cielo. Comienza a desaparecer.

A veces, el cielo se ve rojo o rosa al atardecer.

Al atardecer, las nubes quizá parezcan distintas que las del día. Quizá cambien de color. Quizá cambien de forma.

La noche

Es de noche cuando nuestro lado de la Tierra se alejó completamente del Sol. El Sol parece haber desaparecido. Sin los rayos del Sol iluminando el cielo, este se vuelve oscuro.

En lugar del Sol, quizá veas la Luna o las estrellas en el cielo nocturno. Quizá también algunas nubes. A veces, las nubes cubren el cielo por completo.

Es posible que veas diferentes tipos de aves en el cielo nocturno, o animales pequeños llamados murciélagos.

Los aviones que vuelan de noche encienden señales luminosas.

El cielo nocturno

Cuando vemos el cielo nocturno, algunas cosas están más lejanas que otras. Las nubes están más lejanas que las aves. La Luna y las estrellas están más lejanas que las nubes.

Siempre hay estrellas en el cielo. Pero sólo las vemos en el oscuro cielo nocturno. Durante el día, el Sol hace que el cielo brille demasiado para ver las estrellas.

Algunas cosas en el cielo quedan muy lejos para verlas con nuestros ojos. La gente puede usar unas herramientas especiales llamadas **telescopios** para poder verlas.

¿Qué ves?

El cielo se ve diferente conforme pasa del día a la noche.

Sólo podemos ver el Sol durante el día. ¿Qué más podemos ver sólo durante el día?

No vemos el Sol en la noche. El cielo está oscuro. Quizá veamos la Luna. ¿Qué más podemos ver sólo de noche?

Puedes observar cómo cambia el cielo. Dibuja un **diagrama** como el que se muestra aquí. Mira el cielo en el día y en la noche. Escribe o dibuja lo que ves.

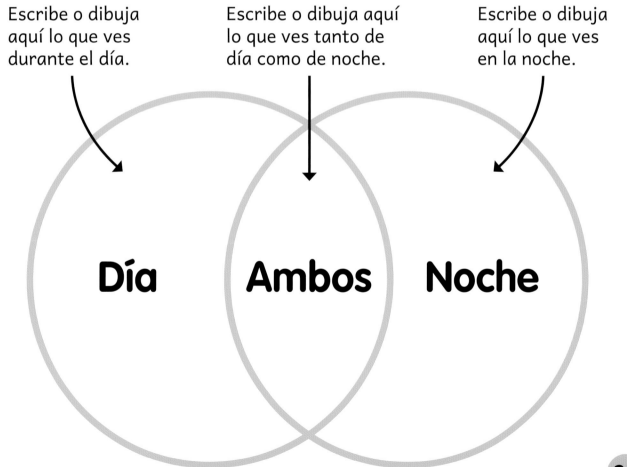

Escribe o dibuja aquí lo que ves durante el día.

Escribe o dibuja aquí lo que ves tanto de día como de noche.

Escribe o dibuja aquí lo que ves en la noche.

Día **Ambos** **Noche**

Palabras nuevas

diagrama: sustantivo. Un dibujo que muestra las partes de un objeto o cómo funciona.

mediodía: sustantivo. Las 12 p.m. del día.

rayos: sustantivo. Líneas de luz emitidas por objetos brillantes.

repite: verbo. Hacer algo una y otra vez.

sale: verbo. Que aparece.

sentidos: sustantivo. Las maneras en las que el cuerpo nos ayuda a entender el mundo que nos rodea, como la vista, el oído, el olfato, el gusto y el tacto.

telescopios: sustantivo. Aparatos que nos ayudan a ver objetos lejanos.

Un sustantivo es una persona, lugar o cosa.

Un verbo es una palabra que describe una acción que hace alguien o algo.

Un adjetivo es una palabra que te dice cómo es alguien o algo.

Índice analítico

Sobre la autora

Crystal Sikkens ha estado escribiendo, editando y haciendo investigaciones fotográficas para Crabtree Publishing desde 2001. Ha ayudado en la producción de cientos de títulos de diversos temas. Recientemente escribió dos libros para la popular serie Be An Engineer.

Para explorar y aprender más, ingresa el código de abajo en el sitio de Crabtree Plus.

www.crabtreeplus.com/fullsteamahead

(página en inglés)

Tu código es:
fsa20

Notas de STEAM para educadores

¡Conocimiento a tope! es una serie de alfabetización que ayuda a los lectores a desarrollar su vocabulario, fluidez y comprensión al tiempo que aprenden ideas importantes sobre las materias de STEAM. *Día y noche* usa diagramas, imágenes contundentes y leyendas explicativas para ayudar a los lectores a identificar la información contenida en los recursos visuales. La actividad STEAM de abajo ayuda a los lectores a expandir las ideas del libro para el desarrollo de habilidades científicas, tecnológicas y de lengua y literatura.

Observando el Sol y las sombras

Los niños lograrán:
- Describir cómo la rotación de la Tierra hace que parezca que el Sol se mueve a través del cielo.
- Hacer predicciones, observaciones y reflexionar sobre cómo cambia su sombra durante el día.
- Usar la tecnología para documentar sus observaciones, y presentar sus conclusiones.

Materiales
- Hoja de trabajo «Mi sombra cambiante».
- Cámara digital.
- Tiza.
- Espacio al aire libre amplio y de concreto, como un estacionamiento vacío.

Guía de estímulos
Después de leer *Día y noche*, pregunta:
- ¿Por qué parece que el Sol se mueve?
- ¿Qué es una sombra? ¿Has visto la tuya? ¿Cómo se relacionan las sombras con el Sol?

Actividades de estímulo
Explica a los niños que observaremos nuestras sombras para aprender acerca de la rotación de la Tierra. Pon a los niños en pares y dales una hoja de trabajo «Mi sombra cambiante». Repasa la hoja de trabajo con los niños. Guía a los niños durante la actividad en un día soleado.
1. En la mañana, pide a los niños que predigan, en sus hojas de trabajo, cómo se verán sus sombras.
2. Vayan a un espacio al aire libre amplio y de concreto. Un niño permanecerá de pie mientras el otro usa tiza para marcar sus pies y sombra. Etiqueta las pisadas marcadas en el suelo y cambia de niño.
3. Mide y registra la información de la sombra en la hoja de trabajo.
4. Usa una cámara para tomar una foto de la sombra.
5. Repite los pasos 1 al 4 al mediodía y en la tarde. Cada vez, el niño se tiene que colocar sobre las mismas pisadas.

Pide a los niños que hagan una presentación oral. Deberán usar las fotografías y describir sus observaciones. Intercambien ideas sobre las conclusiones:
- Las sombras pueden cambiar a medida que el Sol se mueve de posición. Cuando el Sol está bajo, nuestros cuerpos bloquean más luz del Sol y nuestras sombras son más largas. Vemos lo opuesto cuando el Sol está en lo alto.
- Recuerda a los niños que el Sol sólo *parece* cambiar de posición a causa de la rotación de la Tierra.

Extensiones
Invita a los niños a hacer un modelo que demuestre cómo funcionan las sombras.

Para ver y descargar las hojas de trabajo, visita **www.crabtreebooks.com/resources/printables** o **www.crabtreeplus.com/fullsteamahead** (páginas en inglés) e ingresa el código **fsa20**.